Prayer: _______________________

____
____
____
____
____
____
____
____
____
____
____

To care for myself I will: _______________________

____

____

To care for someone else I will: _______________________

____

____

The steps of a good man are ordered by the Lord…Though he fall, he will not be utterly cast down, for the Lord upholds him in His hand.
Psalm 37:23-24

Today's Date: _______________________

Today I ate:

____

____

____

____

____

____

____

____

Medications

Rx: _______________

Time: _______________

Rx: _______________

Time: _______________

Rx: _______________

Time: _______________

I slept __ hours
last night

Exercise: _______________

____

____

How I'm feeling: _______________

____

____

____

____

____

Welcome to the Mental Health Wellness Tracker! This is a tool to help you track your mental health and wellness habits so you can better identify areas where you can improve your wellness.

You can use this journal to track foods you eat as well as your sleep and exercise habits. There is an area to record how you're feeling each day, as well as a section to write out your prayers and track one small way each day that you'll care for yourself as well as for someone else.

Recording your habits and corresponding mental wellness over several weeks is a very helpful tool for therapy, counseling, and doctor visits because it helps your care providers have a better picture of areas in your life that may need a little extra help as you journey toward mental and physical health.

Each day features a Psalm- I highly recommend going back and reading the whole Psalm for greater context. The Psalmists struggled with depression and anxiety as much as any other human being, and they lay down a profound model of prayer for modern believers.

I am wishing you the very best and I pray that this wellness tracker would be a blessing to you.

Today's Date: _______________________________

Today I ate:

____

____

____

____

____

____

____

____

Medications

Rx: _______________________

Time: _______________________

Rx: _______________________

Time: _______________________

Rx: _______________________

Time: _______________________

I slept __ hours
last night

Exercise: _______________________

____

____

How I'm feeling: _______________________

____

____

____

____

____

Prayer: _________________________________

____

____

____

____

____

____

____

____

____

____

To care for myself I will: ___________________

____

To care for someone else I will: _____________

____

____

I lie down and sleep. I wake up again, because the Lord takes care of me.
Psalms 3:5

Today's Date: _______________________________

Today I ate:

____

____

____

____

____

____

____

____

Medications

Rx: _______________

Time: _______________

Rx: _______________

Time: _______________

Rx: _______________

Time: _______________

I slept __ hours
last night

Exercise: _______________________

____

____

How I'm feeling: _______________________

____

____

____

____

____

Prayer: _______________________________________

____

____

____

____

____

____

____

____

____

____

To care for myself I will: ______________________

____

____

To care for someone else I will: _________________

____

____

*My faithful God, answer me when I
call out to you. Give me rest from
my trouble. Have mercy on me.
Hear my prayer.
Psalms 4:1*

Today's Date: _______________________

Today I ate:

____

____

____

____

____

____

____

____

Medications

Rx: _______________

Time: _______________

Rx: _______________

Time: _______________

Rx: _______________

Time: _______________

I slept __ hours
last night

Exercise: _______________________

____

____

How I'm feeling: _______________________

____

____

____

____

____

____

Prayer: _______________________________

____

____

____

____

____

____

____

____

____

____

To care for myself I will: ______________

____

____

To care for someone else I will: _________

____

____

Lord, in the morning you hear my voice. In the morning I pray to you. I wait for you in hope.
Psalms 5:3

Today's Date: _______________________________

Today I ate:

____

____

____

____

____

____

____

Medications

Rx: _______________

Time: _______________

Rx: _______________

Time: _______________

Rx: _______________

Time: _______________

I slept __ hours
last night

Exercise: _______________________________

____

____

How I'm feeling: _______________________________

____

____

____

____

____

Prayer: _______________________________
____
____
____
____
____
____
____
____
____
____
____

To care for myself I will: _______________
____
____

To care for someone else I will: _________
____
____

For the Lord has heard the voice of my weeping. The Lord has heard my supplication; The Lord will receive my prayer. Psalms 6:9

| Today's Date: _______________________________ |

Today I ate:	Medications

Today I ate:

____
____
____
____
____
____
____
____

Medications
Rx: _______________
Time: _______________
Rx: _______________
Time: _______________
Rx: _______________
Time: _______________

I slept __ hours
last night

Exercise: _______________________________
____
____

How I'm feeling: _______________________
____
____
____
____
____
____

Prayer: ______________________________
____
____
____
____
____
____
____
____
____
____

To care for myself I will: ______________
____
____

To care for someone else I will: _________
____
____

When I consider Your heavens, the work of Your fingers…What is man that You are mindful of him?
Psalms 8:3-4

Today's Date: ____________________________

Today I ate:

____
____
____
____
____
____
____
____

Medications

Rx: ____________________
Time: __________________
Rx: ____________________
Time: __________________
Rx: ____________________
Time: __________________

I slept __ hours last night

Exercise: ________________________________
____
____

How I'm feeling: ________________________
____
____
____
____
____

Prayer: ____
____
____
____
____
____
____
____
____
____
____

To care for myself I will: _______________________
____
____

To care for someone else I will: _________________
____
____

The helpless commits himself to you; You are the helper of the fatherless. Psalm 10:14

| Today's Date: ___________________________________ |

<table>
<tr><td>

Today I ate:

____

____

____

____

____

____

____

____

</td><td>

Medications

Rx: ___________________

Time: _________________

Rx: ___________________

Time: _________________

Rx: ___________________

Time: _________________

</td></tr>
</table>

I slept __ hours
last night

| Exercise: ___________________________________ |
| ____ |
| ____ |

| How I'm feeling: ___________________________ |
| ____ |
| ____ |
| ____ |
| ____ |
| ____ |
| ____ |

Prayer: _______________________________
____
____
____
____
____
____
____
____
____
____

To care for myself I will: _______________
____
____

To care for someone else I will: __________
____
____

But I have trusted in Your mercy;
My heart shall rejoice in Your
salvation.
Psalms 12:5

| Today's Date: ___________________________________ |

Today I ate:

____

____

____

____

____

____

____

____

Medications

Rx: ___________________

Time: _________________

Rx: ___________________

Time: _________________

Rx: ___________________

Time: _________________

I slept ___ hours
last night

Exercise: _______________________________

____

____

How I'm feeling: ___________________________

____

____

____

____

____

Prayer: _______________________________________
____
____
____
____
____
____
____
____
____
____

To care for myself I will: ______________________
____
____

To care for someone else I will: ________________
____
____

O my soul, you have said to the Lord, "You are my Lord, my goodness is nothing apart from you." Psalms 16:2

Today's Date: _______________________________

Today I ate:

____

____

____

____

____

____

____

Medications

Rx: _______________

Time: _______________

Rx: _______________

Time: _______________

Rx: _______________

Time: _______________

I slept __ hours last night

Exercise: _______________________________

____

____

How I'm feeling: _______________________

____

____

____

____

____

Prayer: _______________________________
____
____
____
____
____
____
____
____
____
____

To care for myself I will: _______________
____
____

To care for someone else I will: __________
____
____

*In your presence is fullness of joy;
at Your right hand are pleasures
forevermore.*
Psalms 16:11

Today's Date: _______________________________

Today I ate:

____

____

____

____

____

____

____

____

Medications

Rx: _________________

Time: _______________

Rx: _________________

Time: _______________

Rx: _________________

Time: _______________

I slept __ hours
last night

Exercise: _______________________________

____

____

How I'm feeling: _______________________________

____

____

____

____

____

____

Prayer: _______________________________
____
____
____
____
____
____
____
____
____
____
____

To care for myself I will: _______________
____
____

To care for someone else I will: _________
____
____

Hear a just cause, O Lord, attend to my cry; Give ear to my prayer which is not from deceitful lips.
Psalm 17:1

Today's Date: _______________________________

Today I ate:

____

____

____

____

____

____

____

____

Medications

Rx: _______________________

Time: _______________________

Rx: _______________________

Time: _______________________

Rx: _______________________

Time: _______________________

I slept __ hours last night

Exercise: _______________________________

____

____

How I'm feeling: _______________________

____

____

____

____

____

____

Prayer: _______________________________

____

____

____

____

____

____

____

____

____

____

To care for myself I will: _______________

____

____

To care for someone else I will: _________

____

____

Incline Your ear to me, and hear my speech. Show Your marvelous lovingkindness by your right hand.
Psalms 17:6b-7

Today's Date: _______________________________

Today I ate:

____

____

____

____

____

____

____

____

Medications

Rx: _______________

Time: _______________

Rx: _______________

Time: _______________

Rx: _______________

Time: _______________

I slept __ hours
last night

Exercise: _______________________________

____

____

How I'm feeling: _______________________

____

____

____

____

____

____

Prayer: __________________________________
____
____
____
____
____
____
____
____
____
____

To care for myself I will: ___________________
____
____

To care for someone else I will: _____________
____
____

Keep me as the apple of Your eye;
Hide me under the shadow of your
wings.
Psalms 17:8

Today's Date: ___________________________

Today I ate:

____
____
____
____
____
____
____
____

Medications
Rx: _______________
Time: _______________
Rx: _______________
Time: _______________
Rx: _______________
Time: _______________

I slept __ hours
last night

Exercise: _______________________________
____
____

How I'm feeling: _______________________
____
____
____
____
____

Prayer: _______________________________

____

____

____

____

____

____

____

____

____

____

____

To care for myself I will: _______________

____

____

To care for someone else I will: __________

____

____

The Lord is my rock and my fortress and my deliverer; My God, my strength, in whom I will trust.
Psalms 18:2

Today's Date: ___________________________

Today I ate:

____
____
____
____
____
____
____
____

Medications
Rx: _______________
Time: _______________
Rx: _______________
Time: _______________
Rx: _______________
Time: _______________

I slept __ hours
last night

Exercise: ___________________________
____
____

How I'm feeling: _______________
____
____
____
____
____
____

Prayer: _______________________________________

____

____

____

____

____

____

____

____

____

____

____

To care for myself I will: _____________________

____

____

To care for someone else I will: _______________

____

____

For you will light my lamp; The Lord my God will enlighten my darkness.
Psalms 18:28

Today's Date: _______________________________

Today I ate:

____
____
____
____
____
____
____
____

Medications
Rx: _______________
Time: _______________
Rx: _______________
Time: _______________
Rx: _______________
Time: _______________

I slept __ hours
last night

Exercise: _______________________________
____
____

How I'm feeling: _______________________
____
____
____
____
____

Prayer: __________________________________

____

____

____

____

____

____

____

____

____

____

To care for myself I will: ________________

____

____

To care for someone else I will: __________

____

____

*Let the words of my mouth and the
meditation of my heart be
acceptable in Your sight, O Lord,
my strength and my Redeemer.
Psalms 19:14*

Today's Date: ___________________________________

Today I ate:

____

____

____

____

____

____

____

____

Medications

Rx: ___________________

Time: _________________

Rx: ___________________

Time: _________________

Rx: ___________________

Time: _________________

I slept __ hours
last night

Exercise: _______________________________

____

____

How I'm feeling: _______________________________

____

____

____

____

____

Prayer: ______________________________

____

____

____

____

____

____

____

____

____

____

To care for myself I will: ______________

____

____

To care for someone else I will: _________

____

____

Some trust in chariots, and some in horses; But we will remember the name of the Lord our God.
Psalms 20:7

| Today's Date: ______________________________ |

Today I ate:	Medications
	Rx: _________________
____________________	Time: _______________
____________________	Rx: _________________
____________________	Time: _______________
____________________	Rx: _________________
____________________	Time: _______________
____________________	
____________________	
____________________	

I slept __ hours last night

Exercise: ______________________________
____
____

How I'm feeling: _____________________
____
____
____
____
____
____

Prayer: _______________________________________
____
____
____
____
____
____
____
____
____
____
____

To care for myself I will: ____________________
____
____

To care for someone else I will: ______________
____
____

*For He has not despised nor
abhorred the affliction o afflicted;
Nor has He hidden His face from
Him; Psalms 22:24*

Today's Date: _______________________

Today I ate:

____

____

____

____

____

____

____

____

Medications

Rx: _______________________

Time: _______________________

Rx: _______________________

Time: _______________________

Rx: _______________________

Time: _______________________

I slept __ hours last night

Exercise: _______________________

____

____

How I'm feeling: _______________________

____

____

____

____

____

Prayer: _______________________________
____
____
____
____
____
____
____
____
____
____
____

To care for myself I will: ________________
____
____

To care for someone else I will: ___________
____
____

The Lord is my shepherd, I shall not want.
Psalms 23:1

Today's Date: _______________________________

Today I ate:

____
____
____
____
____
____
____
____

Medications

Rx: _______________
Time: _______________
Rx: _______________
Time: _______________
Rx: _______________
Time: _______________

I slept __ hours
last night

Exercise: _______________________________
____
____

How I'm feeling: _______________________
____
____
____
____
____
____

Prayer: _______________________________

____

____

____

____

____

____

____

____

____

____

To care for myself I will: _______________________

____

To care for someone else I will: _______________

____

____

You prepare a table for me in the presence of my enemies.
Psalms 23:5

| Today's Date: _______________________________ |

Today I ate:	Medications
______________________	Rx: _________________
______________________	Time: _______________
______________________	Rx: _________________
______________________	Time: _______________
______________________	Rx: _________________
______________________	Time: _______________
______________________	
______________________	I slept __ hours
______________________	last night

Exercise: ____
____
____

How I'm feeling: __________________________________
____
____
____
____
____

Prayer: _______________________________

____

____

____

____

____

____

____

____

____

____

To care for myself I will: _______________________

____

____

To care for someone else I will: _________________

____

____

And who is this King of glory? The Lord strong and mighty, the Lord mighty in battle.
Psalms 24:8

Today's Date: ___________________________

Today I ate:

____

____

____

____

____

____

____

Medications

Rx: _________________

Time: _______________

Rx: _________________

Time: _______________

Rx: _________________

Time: _______________

I slept __ hours
last night

Exercise: ________________________

____

____

How I'm feeling: ________________________

____

____

____

____

____

____

Prayer: _______________________________
____
____
____
____
____
____
____
____
____
____
____

To care for myself I will: _____________________
____
____

To care for someone else I will: ________________
____
____

Remember, O Lord, Your tender mercies and Your lovingkindnesses, for they are from of old.
Psalms 25:6

Today's Date: ___________________________________

Today I ate:

____
____
____
____
____
____
____
____

Medications
Rx: _______________
Time: _______________
Rx: _______________
Time: _______________
Rx: _______________
Time: _______________

I slept __ hours
last night

Exercise: ___________________________
____
____

How I'm feeling: ___________________
____
____
____
____
____
____

Prayer: _______________________________

____

____

____

____

____

____

____

____

____

____

To care for myself I will: ________________

____

To care for someone else I will: __________

____

____

*The Lord is my light and my
salvation; Whom shall I fear?
Psalms 27:1*

| Today's Date: ____________________________________ |

Today I ate:	Medications
____________________	Rx: ____________________
____________________	Time: ____________________
____________________	Rx: ____________________
____________________	Time: ____________________
____________________	Rx: ____________________
____________________	Time: ____________________
____________________	

I slept __ hours
last night

Exercise: ____________________________________

____

____

How I'm feeling: ____________________________

____

____

____

____

____

Prayer: _______________________________

____

____

____

____

____

____

____

____

____

____

To care for myself I will: _______________

____

____

To care for someone else I will: ___________

____

____

Wait on the Lord; Be of good courage, and He shall strengthen your heart; Wait, I say, on the Lord! Psalms 27:14

Today's Date: ________________________

Today I ate:

____

____

____

____

____

____

____

Medications

Rx: ________________

Time: ________________

Rx: ________________

Time: ________________

Rx: ________________

Time: ________________

I slept __ hours
last night

Exercise: ________________________

____

____

How I'm feeling: ________________________

____

____

____

____

____

Prayer: ______________________________
____
____
____
____
____
____
____
____
____
____

To care for myself I will: ________________
____
____

To care for someone else I will: __________
____
____

You have turned for me my mourning into dancing; You have put off my sackcloth and clothed me with gladness. Psalms 30:11

Today's Date: _______________________________

Today I ate:

____
____
____
____
____
____
____
____

Medications
Rx: _______________
Time: _______________
Rx: _______________
Time: _______________
Rx: _______________
Time: _______________

I slept __ hours
last night

Exercise: _______________________________
____
____

How I'm feeling: _______________________
____
____
____
____
____

Prayer: _______________________________

____

____

____

____

____

____

____

____

____

____

To care for myself I will: ____________________

____

____

To care for someone else I will: _______________

____

____

In You, O Lord, I put my trust; Let me never be ashamed.
Psalms 31:1

Today's Date: _______________________________

Today I ate:

____

____

____

____

____

____

____

____

Medications

Rx: _______________

Time: _______________

Rx: _______________

Time: _______________

Rx: _______________

Time: _______________

I slept __ hours
last night

Exercise: _______________________________

____

____

How I'm feeling: _______________________

____

____

____

____

____

Prayer: _______________________________

____

____

____

____

____

____

____

____

____

____

____

To care for myself I will: _______________

____

____

To care for someone else I will: __________

____

____

*Into Your hand I commit my
spirit; You have redeemed me, O
Lord God of truth.
Psalms 31:5*

| Today's Date: _______________________________ |

Today I ate:	Medications
_______________	Rx: _______________
_______________	Time: _______________
_______________	Rx: _______________
_______________	Time: _______________
_______________	Rx: _______________
_______________	Time: _______________
_______________	
_______________	

I slept __ hours last night

Exercise: _______________________________
____
____

How I'm feeling: _______________________________
____
____
____
____
____

Prayer: _______________________________

____

____

____

____

____

____

____

____

____

____

To care for myself I will: _______________

____

____

To care for someone else I will: _________

____

____

But as for me, I trust in You, O Lord; I say "You are my God." Psalms 31:14

Today's Date: _______________________________

Today I ate:

____

____

____

____

____

____

____

____

Medications

Rx: _________________

Time: _______________

Rx: _________________

Time: _______________

Rx: _________________

Time: _______________

I slept __ hours
last night

Exercise: _______________________________

____

____

How I'm feeling: _______________________

____

____

____

____

____

____

Prayer: ______________________________
____
____
____
____
____
____
____
____
____
____

To care for myself I will: ________________
____

To care for someone else I will: __________
____

Oh, how great is Your goodness, which You have laid up for those who fear You.
Psalms 31:19

Today's Date: _______________________

Today I ate:

____
____
____
____
____
____
____
____

Medications
Rx: _______________
Time: _______________
Rx: _______________
Time: _______________
Rx: _______________
Time: _______________

I slept __ hours
last night

Exercise: _______________________
____
____

How I'm feeling: _______________________
____
____
____
____
____

Prayer: _______________________________
____
____
____
____
____
____
____
____
____
____
____

To care for myself I will: ________________
____
____

To care for someone else I will: __________
____
____

Be of good courage, and He shall strengthen your heart, all you who hope in the Lord.
Psalms 31:24

Today's Date: ___________________________________

Today I ate:

____

____

____

____

____

____

____

____

Medications

Rx: ___________________

Time: _________________

Rx: ___________________

Time: _________________

Rx: ___________________

Time: _________________

I slept __ hours last night

Exercise: ___________________________________

____

____

How I'm feeling: _______________________________

____

____

____

____

____

____

Prayer: _______________________________
____
____
____
____
____
____
____
____
____
____
____

To care for myself I will: ______________
____
____

To care for someone else I will: ________
____
____

Blessed is he whose transgression is forgiven, whose sin is covered.
Psalms 32:1

Today's Date: _______________________________

Today I ate:

____

____

____

____

____

____

____

____

Medications
Rx: _______________
Time: _______________
Rx: _______________
Time: _______________
Rx: _______________
Time: _______________

I slept __ hours
last night

Exercise: _______________________

____

____

How I'm feeling: _______________________

____

____

____

____

____

____

Prayer: _______________________________
____
____
____
____
____
____
____
____
____
____

To care for myself I will: _______________
____

To care for someone else I will: _________
____

*For the word of the Lord is right,
and all His work is done in truth.
Psalms 33:4*

Today's Date: ______________________________

Today I ate:

____
____
____
____
____
____
____
____

Medications
Rx: ______________________
Time: ______________________
Rx: ______________________
Time: ______________________
Rx: ______________________
Time: ______________________

I slept __ hours last night

Exercise: ______________________________
____
____

How I'm feeling: ______________________________
____
____
____
____
____
____

Prayer: _______________________________

____

____

____

____

____

____

____

____

____

____

To care for myself I will: ______________

____

____

To care for someone else I will: ________

____

____

Behold, the eye of the Lord is on those who fear Him, on those who hope in His mercy.
Psalms 33:18

Today's Date: _______________________________

Today I ate:	Medications
____________	Rx: _________________
____________	Time: _______________
____________	Rx: _________________
____________	Time: _______________
____________	Rx: _________________
____________	Time: _______________
____________	
____________	

I slept __ hours last night

Exercise: _______________________________
____
____

How I'm feeling: _______________________
____
____
____
____
____

Prayer: ______________________________________

____

____

____

____

____

____

____

____

____

____

____

To care for myself I will: _______________________

____

____

To care for someone else I will: _________________

____

____

*I will bless the Lord at all times,
His praise shall continually be in
my mouth.
Psalms 34:1*

| Today's Date: _________________________________ |

Today I ate:	Medications
_____________________	Rx: _________________
_____________________	Time: _______________
_____________________	Rx: _________________
_____________________	Time: _______________
_____________________	Rx: _________________
_____________________	Time: _______________
_____________________	
_____________________	

I slept __ hours last night

Exercise: _________________________________
____
____

How I'm feeling: _________________________
____
____
____
____
____

Prayer: _______________________________________
____
____
____
____
____
____
____
____
____
____
____

To care for myself I will: _______________________
____
____

To care for someone else I will: _________________
____
____

Oh, taste and see that the Lord is good; Blessed is the man who trusts in Him!
Psalms 34:8

Today's Date: __________________________________

Today I ate:

____

____

____

____

____

____

____

____

Medications

Rx: __________________

Time: __________________

Rx: __________________

Time: __________________

Rx: __________________

Time: __________________

I slept __ hours
last night

Exercise: __________________________________

____

____

How I'm feeling: __________________________

____

____

____

____

____

Prayer: _______________________________

____

____

____

____

____

____

____

____

____

____

To care for myself I will: _______________________

____

____

To care for someone else I will: _______________

____

____

The Lord is near to those who have a broken heart, and saves such as have a contrite spirit.
Psalms 34:18

| Today's Date: _______________________________ |

Today I ate:	Medications
________________	Rx: _________________
________________	Time: _______________
________________	Rx: _________________
________________	Time: _______________
________________	Rx: _________________
________________	Time: _______________
________________	
________________	

I slept __ hours
last night

Exercise: _______________________________
____
____

How I'm feeling: _________________________
____
____
____
____
____

Prayer: _______________________________
____
____
____
____
____
____
____
____
____
____
____

To care for myself I will: ________________
____
____

To care for someone else I will: ___________
____
____

Your mercy, O Lord, is in the heavens; Your faithfulness reaches to the clouds. Your righteousness is like the great mountains.
Psalms 36:5-6

Today's Date: _______________________________

Today I ate:

____
____
____
____
____
____
____
____

Medications

Rx: _______________
Time: _______________
Rx: _______________
Time: _______________
Rx: _______________
Time: _______________

I slept __ hours last night

Exercise: _______________________________
____
____

How I'm feeling: _______________________
____
____
____
____
____
____

Prayer: _______________________________

____

____

____

____

____

____

____

____

____

____

____

To care for myself I will: ________________

____

____

To care for someone else I will: _________

____

____

Rest in the Lord and wait patiently for Him.
Psalms 37:7

Today's Date: _______________________________

Today I ate:

____

____

____

____

____

____

____

____

____

Medications
Rx: _______________
Time: _______________
Rx: _______________
Time: _______________
Rx: _______________
Time: _______________

I slept __ hours
last night

Exercise: _______________________

____

____

How I'm feeling: _______________

____

____

____

____

____

Prayer: _______________________________
____
____
____
____
____
____
____
____
____
____

To care for myself I will: _______________
____

To care for someone else I will: _________
____

Do not forsake me, O Lord; O my God, be not far from me! Make haste to help me, O Lord, my salvation! Psalms 38:21-22

| Today's Date: _______________________ |

Today I ate:	Medications
______________	Rx: _______________
______________	Time: _____________
______________	Rx: _______________
______________	Time: _____________
______________	Rx: _______________
______________	Time: _____________
______________	
______________	

I slept __ hours last night

Exercise: _______________________________
____
____

How I'm feeling: _______________________
____
____
____
____
____

Prayer: ____________________________________
____
____
____
____
____
____
____
____
____
____

To care for myself I will: ___________________
____
____

To care for someone else I will: _____________
____
____

And now, Lord, what do I wait for?
My hope is in you.
Psalms 39:7

Today's Date: _______________________________

Today I ate:

____

____

____

____

____

____

____

Medications

Rx: _______________

Time: _______________

Rx: _______________

Time: _______________

Rx: _______________

Time: _______________

I slept __ hours
last night

Exercise: _______________________________

____

____

How I'm feeling: _______________________________

____

____

____

____

____

____

Prayer: ___________________________________

____

____

____

____

____

____

____

____

____

____

____

To care for myself I will: __________________

____

To care for someone else I will: ____________

____

____

Many, O Lord my God, are Your wonderful works which You have done; Psalms 40:5

Today's Date: ___________________________

Today I ate:
____
____
____
____
____
____
____

Medications
Rx: ___________________
Time: ___________________
Rx: ___________________
Time: ___________________
Rx: ___________________
Time: ___________________

I slept __ hours
last night

Exercise: ___________________________
____
____

How I'm feeling: ___________________________
____
____
____
____
____

Prayer: _______________________________

____

____

____

____

____

____

____

____

____

____

____

To care for myself I will: _______________

____

____

To care for someone else I will: _________

____

____

Do not withhold your tender mercies from me, O Lord; let your lovingkindness and your truth continually preserve me. Psalms 40:11

Today's Date: _______________________________

Today I ate:

____

____

____

____

____

____

____

____

Medications

Rx: _______________

Time: _______________

Rx: _______________

Time: _______________

Rx: _______________

Time: _______________

I slept __ hours last night

Exercise: _______________________________

____

____

How I'm feeling: _______________________

____

____

____

____

____

____

Prayer: _________________________
____
____
____
____
____
____
____
____
____
____
____

To care for myself I will: _____________
____
____

To care for someone else I will: __________
____
____

As the deer pants for the water brooks, so pants my soul for You, O God. My soul thirsts for God, for the living God. Psalms 42:1

Today's Date: _______________________

Today I ate:

____

____

____

____

____

____

____

____

Medications

Rx: _______________

Time: _______________

Rx: _______________

Time: _______________

Rx: _______________

Time: _______________

I slept __ hours
last night

Exercise: _______________________

____

____

How I'm feeling: _______________________

____

____

____

____

____

Prayer: _______________________________
____
____
____
____
____
____
____
____
____
____
____

To care for myself I will: ________________
____

To care for someone else I will: ___________
____

Why are you cast down, O my soul? And why are you disquieted within me? Hope in God, for I shall yet praise Him... Psalms 42:5

Today's Date: _______________________________

Today I ate:

____

____

____

____

____

____

____

____

Medications
Rx: _______________
Time: _______________
Rx: _______________
Time: _______________
Rx: _______________
Time: _______________

I slept __ hours
last night

Exercise: _______________________

____

____

How I'm feeling: _______________________

____

____

____

____

____

Prayer: _______________________________________

____

____

____

____

____

____

____

____

____

____

To care for myself I will: _______________________

____

____

To care for someone else I will: _________________

____

____

Truly my soul silently waits for God; from Him comes my salvation.
Psalms 62:1

Today's Date: _______________________________

Today I ate:

____
____
____
____
____
____
____
____

Medications
Rx: ________________
Time: ______________
Rx: ________________
Time: ______________
Rx: ________________
Time: ______________

I slept __ hours
last night

Exercise: _______________________________
____
____

How I'm feeling: _______________________
____
____
____
____
____

Prayer: ______________________________
____
____
____
____
____
____
____
____
____
____
____

To care for myself I will: ________________
____
____

To care for someone else I will: ___________
____
____

Because your lovingkindness is better than life, my lips shall praise You.

Psalms 63:3

Today's Date: _______________________________

Today I ate:

____
____
____
____
____
____
____
____

Medications
Rx: _______________
Time: _______________
Rx: _______________
Time: _______________
Rx: _______________
Time: _______________

I slept __ hours
last night

Exercise: _______________________________
____
____

How I'm feeling: _______________________
____
____
____
____
____

Prayer: ______________________
____
____
____
____
____
____
____
____
____
____
____

To care for myself I will: ______________
____
____

To care for someone else I will: ____________
____
____

Blessed is the man You choose, and cause to approach You, that he may dwell in your courts.
Psalms 65:4

Today's Date: _______________________________

Today I ate:

____

____

____

____

____

____

____

____

Medications

Rx: _________________

Time: _______________

Rx: _________________

Time: _______________

Rx: _________________

Time: _______________

I slept __ hours
last night

Exercise: _____________________________

____

____

How I'm feeling: _______________________

____

____

____

____

____

Prayer: ______________________________

____

____

____

____

____

____

____

____

____

____

To care for myself I will: ________________

____

To care for someone else I will: ____________

____

____

Whom have I in heaven but You? And there is none upon earth that I desire besides You. Psalms 73:25-26

Today's Date: ___________________________

Today I ate:

____

____

____

____

____

____

____

____

Medications

Rx: ___________________

Time: ___________________

Rx: ___________________

Time: ___________________

Rx: ___________________

Time: ___________________

I slept __ hours
last night

Exercise: ___________________________

____

____

How I'm feeling: ___________________________

____

____

____

____

____

Prayer: _______________________________
____
____
____
____
____
____
____
____
____
____

To care for myself I will: _____________________
____

To care for someone else I will: ________________
____

But You, O Lord, are a God full of compassion, and gracious, longsuffering and abundant in mercy and truth. Psalms 86:15

Today's Date: _______________________________

Today I ate:	Medications
___________________	Rx: _________________
___________________	Time: _______________
___________________	Rx: _________________
___________________	Time: _______________
___________________	Rx: _________________
___________________	Time: _______________
___________________	
___________________	

I slept __ hours
last night

Exercise: _______________________________
____
____

How I'm feeling: _______________________
____
____
____
____
____